AF224518

27/n
20

NOTICE

SUR

M. BARANGER

CURÉ DE BAUGÉ

PAR

M. PLETTEAU, Curé de Marcé.

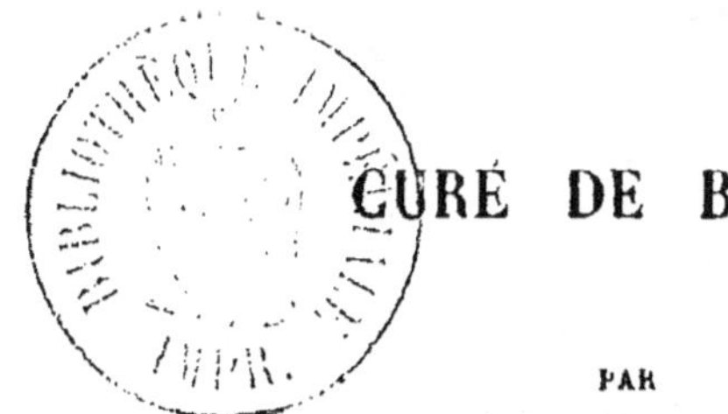

———

ANGERS

E. BARASSÉ, IMP.-LIB. DE Mgr L'ÉVÊQUE ET DU CLERGÉ

Rue Saint-Laud, 83.

—

1867

NOTICE

SUR

M. BARANGER

CURÉ DE BAUGÉ.

J'accomplis un devoir de reconnaissance en consacrant ces pages à la mémoire de M. Baranger, curé de Baugé. Quarante-deux années, il est resté dans cette ville chargé du ministère des âmes, auxquelles il s'est dévoué. J'ai eu l'honneur de le bien connaître, et je suis l'un de ceux qu'il a le plus aimés ; qu'on me pardonne de témoigner ici quelle place il a tenue et conservera jusqu'à la fin dans nos cœurs.

M. Pierre Baranger naquit, en 1801, à Beaupréau d'une famille d'ouvriers qui, après avoir pris part aux luttes héroïques de la Vendée, étaient revenus à la paix reprendre obscurément leur travail à leur atelier dévasté. Il trouva pour patrimoine, à son berceau, des traditions de dévouement au devoir et de travail, l'exemple des vertus chrétiennes, tout ce qui fait la force des familles et ennoblit un sang obscur. Destiné à l'état ecclésiastique, il entra au collége de sa ville natale, restauré et agrandi par M. Mongazon, dont la mémoire ni les œuvres ne périront point dans ce diocèse. Des succès brillants et solides le signalèrent à l'estime de ses maîtres, sans lui rien enlever de l'affection de ses condisciples; il montra dès lors réunis et conciliés les plus beaux dons du cœur et de l'esprit, union qui a fait l'honneur de sa vie et le charme de ceux qui l'ont connu. Il contracta au collége des amitiés qui ont survécu à l'éloignement et aux années ; lorsqu'il apprenait plus tard la mort de quelque vieil ami de Beaupréau, il s'affligeait, comme s'il eût perdu une partie de lui-même et senti la mort s'approcher. Devenu professeur à son tour, il enseigna la rhétorique au collége de Doué avec la plus rare distinction, et il fut pour ses élèves la preuve vivante que l'éloquence sort du cœur, et que l'âme est le foyer où s'alimentent les grandes pensées. Au séminaire, il eut le rare bonheur de recevoir les leçons particulières d'un des meilleurs esprits que la compagnie de Saint-Sulpice nous ait donnés, de M des Garêts, qui lui enseigna ce qui convenait si bien aux dispositions du maître et du disciple, une piété raisonnable et une théologie pratique, sans cesser d'être élevée. Quelques jours après son ordination à la prêtrise, en 1825, il fut envoyé vicaire à Baugé.

Il y trouvait pour curé le respectable M. Levacher, autrefois déporté en Espagne pendant la Révolution, pour refus de serment à la constitution civile du clergé, mais alors vieilli avant l'âge par les infirmités, quoique toujours charitable et zélé. M. Baranger suppléa le confesseur de la Foi fatigué, et durant les dix années qu'il resta vicaire, il sut allier la déférence et la soumission à ce vétéran de l'autel, à l'initiative et à l'ardeur de la jeunesse sacerdotale. En 1835, à la mort de M. Levacher, Mgr Montault le nomma titulaire de cette cure de Baugé, qu'il administrait réellement depuis plusieurs années; c'est là que, jusqu'à la fin de sa vie, il a consacré au bien des âmes tous les dons que Dieu lui avait départis.

Le premier regard du jeune pasteur sur sa paroisse fut empreint de tristesse. L'église de Baugé, moins élégante et moins ornée qu'assise fortement sur ses murs et inébranlable sur ses piliers, était dégradée, pauvre et nue à l'intérieur, autant par l'incurie de l'époque que par le défaut de ressources. Ni le temps, ni le goût ne favorisaient encore la construction des églises, et à ce bel élan de foi religieuse qui a fait surgir du sol tant de sanctuaires gothiques, personne n'avait donné le signal. M. Baranger se contenta de restaurer la pauvre église; ceux qui se rappellent le délabrement primitif, lui sauront toujours gré de la rénovation qu'il accomplit des orgues, des jubés, des autels, des statues, des tableaux, de la chaire et des boiseries du chœur.

A peine restaurée, il y convia ses paroissiens aux exercices d'une grande mission, prêchée par les RR. PP. Belfroy, Levé et Chaignon, et qui fut pour ces hommes de Dieu comme les prémices de leur ministère en Anjou. Près de trente ans se sont écoulés depuis cette époque, mais ni le souvenir, ni le bien de la mission n'ont point passé des âmes.

Depuis quelques années seulement M. Baranger administrait sa paroisse, et ceux qui le voyaient déployer dans ces fonctions délicates les plus rares qualités de l'esprit et du caractère, présageaient déjà tout l'ascendant qu'il acquerrait un jour. Monseigneur Angebault était un observateur trop attentif et trop intelligent du mérite, pour ne pas avoir remarqué les talents de M. Baranger, dès son arrivée dans le diocèse. Il voulut l'attacher à l'évêché et lui offrit avec insistance les fonctions de grand-vicaire. Mais M. Baranger n'était jaloux ni d'une autre position, ni d'une plus haute dignité; la modestie de ses goûts, les intérêts de sa santé, qui avait besoin des ombrages du beau et vaste jardin, planté par ses soins, l'attachement surtout à ses paroissiens, le dévouement à la famille spirituelle que Dieu lui avait confiée, le décidèrent à garder sa cure et à décliner l'honneur qui venait s'offrir de lui-même.

A dater de ce jour, il aima plus que jamais Baugé, où il était résolu de terminer sa vie; il s'attacha à la petite cité, au frais vallon qui la contient, à ses bois, à ses landes, au paysage austère de la contrée, à la profonde forêt qui borne l'horizon. Il aima le château de Foulques-Nerra, les deux magnifiques hospices ouverts aux malades et aux pauvres, dons de la munificence et de la piété d'Anne de Melun et de Mlle de la Girouardière; il fut fier, pour sa patrie d'adoption, qu'elle possédât ce morceau de la Vraie Croix, inestimable relique qui n'a de rivale qu'à Rome. Il suivit avec intérêt les travaux des édiles intelligents, qui transformèrent successivement l'aspect de la petite ville; il voulut même écrire l'histoire de Baugé, et il rassembla les éléments d'un travail de chroniqueur; si le temps ou les circonstances l'eussent permis, ce travail ne se fut pas achevée sans honneur pour son nom et sans utilité pour l'histoire d'Anjou. Il aima surtout les âmes; il s'adonna au ministère de la confession, jusqu'à épuiser quelquefois ses forces; il ne se déchargea jamais entièrement sur ses vicaires de l'œuvre pastorale des catéchismes; son âme éminemment sacerdotale recherchait les enfants, elle aimait à s'entretenir avec eux et à ouvrir elle-même leur jeune esprit à la vie de la foi et de la grâce. Il traitait avec le plus grand respect le ministère de la parole sacrée; il faisait peu de conférences et peu d'homélies; les premières demandent un auditoire particulier, et les secondes convenaient peu à sa nature plus forte que douce; il portait en chaire des sermons préparés avec soin, écrits avec goût, prononcés avec la véhémence de la conviction, solides et pratiques; jamais agressifs contre personne, mais pleins de passion contre les vices, son auditoire les recueillit toujours avec une religieuse et sympathique émotion. Il s'éleva souvent contre la lecture des journaux

¡rréligieux. Pasteur des âmes , il signala le mal qu'ils faisaient à la religion, à la société et au bon sens du peuple ; homme de probité et d'honneur, il s'indignait qu'on pût légitimement suspecter leur bonne foi, et leur lourdeur d'esprit l'affligeait comme homme de goût. Qu'il se rencontre parfois des philosophes sans sagesse, c'est un vieux spectacle auquel l'univers s'est habitué ; mais que des disciples de Voltaire soient sans esprit, voilà un fait encore nouveau, auquel notre siècle, qui a trop lu les œuvres du maître, ne s'accoutumera point, et qui discrédite leur impiété, en lui enlevant sa raison d'être. Il ne serait pas indigne de la chaire de réunir un choix de ses discours; du moins, ceux qui les ont écoutés, y retrouveraient un souvenir de leur pasteur, et les accueilleraient comme un écho de sa tombe.

Mais toute puissance , sur les modestes comme sur les plus vastes théâtres, a ici-bas ses limites; et si intelligent, si éloquent, si dévoué que fut M. Baranger, il ne réussit pas toujours à détruire cette indifférence, fruit du respect humain , de la paresse d'esprit et de cœur et des préjugés, qui retient tant d'hommes au seuil de l'accomplissement complet de leurs devoirs religieux. Il voulut préparer à Baugé une nouvelle génération , sinon plus chrétienne de sentiments , plus énergique du moins dans leur manifestation. Il trouvait un legs pieux de ses prédécesseurs dans une modeste communauté, vouée à l'instruction des jeunes filles et à la visite des malades ; mais les sœurs de la Providence n'étaient pas assez nombreuses et se recrutaient trop difficilement pour répondre aux projets de M. Baranger. Il les fit réunir à la florissante communauté de Saint-Charles d'Angers; il agrandit les classes, les bâtiments, ouvrit à la nouvelle colonie une vaste communauté ; et lorsqu'après de laborieux efforts, au lieu de quatre sœurs qu'il avait primitivement, il en eut réuni dix-huit ; lorsque sur l'emplacement d'une classe modeste et d'une école contestée, il eut étendu et décuplé les salles, créé un asile maternel et bâti un pensionnat, il put croire, après tant d'obstacles vaincus, que Dieu avait béni ses desseins et couronné l'œuvre de son cœur. La Providence, en effet, a été l'œuvre de prédilection de M. Baranger ; il y a consacré ses luttes les plus ardentes et sa vie ; pourquoi son cœur n'y repose-t-il pas, entouré de l'affection reconnaissante des religieuses et des enfants, et comme gardien de la maison, où il avait mis toute son âme ? Là, il a préservé les jeunes personnes contre les entraînements futurs de leur propre faiblesse, et en leur faisant donner une éducation chrétienne, il a su mettre au profit de la religion l'influence de la fille, de l'épouse et de la mère au foyer de la famille. Il s'occupa aussi des jeunes garçons, et il le fit avec autant de succès.

Le collége de Baugé avait eu des jours de prospérité et d'éclat ; mais diverses causes paralysaient le zèle de ceux qui l'administraient, et sa célébrité passée ne consolait personne du délabrement de l'heure présente. On se reportait en 1850 avec orgueil et avec regret à une époque déjà éloignée, où le collége, sous la direction de M. l'abbé Levacher, frère du dernier curé, réunissait dans ses murs une nombreuse jeunesse ; on espéra que le collége, s'il était confié à Monseigneur, retrouverait son premier éclat. M. Baranger seconda les vœux des habitants, l'administration municipale les formula en son propre nom, et, sur la demande du maire, M. Armand de Melun, montré seulement à Baugé et trop tôt perdu pour lui, Monseigneur prit en main les destinées du vieil établissement ; sa prospérité dès lors a justifié toutes les prévisions.

Tout homme supérieur a une qualité dominante, qui explique l'influence qu'il exerce et sert à le caractériser. M. Baranger fut un homme puissant par le caractère et par l'autorité morale ; chez lui, les facultés étaient complètes, et il y avait entre elles mesure et harmonie ; rien de heurté, ni d'incohérent ne détruisait l'équilibre dans cet esprit supérieur. On trouvait en lui des vues élevées, une imagination féconde, un sens droit et pratique, des connaissances solides et variées, une ferme et constante volonté, une conduite toujours digne et sensée. Il aimait l'ordre, la hiérarchie, l'esprit de discipline ; c'étaient là les habitudes de son esprit, et rien ne lui était plus antipathique que le défaut de mesure dans le langage et dans les opinions. Mais il était encore un esprit large, ouvert, exempt de préjugés et de routine ; il connaissait son siècle, et il n'en reprouvait pas toutes les tendances.

Tant de qualités si rares étaient soutenues et rehaussées par un cœur excellent. Cette parole de Bossuet, « lorsque Dieu forma le cœur et les entrailles de l'homme, il y mit premièrement la bonté comme le propre caractère de la nature divine, et pour être comme la marque de cette main bienfaisante dont nous sortons, » trouvait en M. Baranger son application. En l'approchant, on ne trouvait en lui ni sécheresse, ni égoïsme, mais un cœur excellent, hospitalier, indulgent pour les hommes, sans fiel et sans rancune. Il ressentait l'injustice autant que personne, mais il savait oublier, âme énergique en toute chose, quoique impuissante pour la haine.

Ses rapports avec les autorités civiles étaient pleins de modération et de sagacité. Jamais la lutte qu'il dût soutenir quelquefois pour la défense des intérêts religieux dont il était chargé, ne dégénéra en querelle personnelle : il rendit constamment hommage aux qualités de ses adversaires, et il faisait la part de leur situation, de leurs préjugés et de leur origine. Rempli de conciliation, et étranger à tout accès de zèle imprudent, ne connaissant ni les paroles hautaines, ni les actes arrogants, il montra plus d'une fois dans sa carrière militante qu'il savait lutter au besoin, avec énergie et constance, pour la justice et la vérité. Ardent et sachant se contenir, calme et hardi, plein de patience et de dextérité, ne recherchant point les querelles, mais inaccessible à la peur et au découragement, et caractère vraiment viril, M. Baranger a exercé autour de lui pour le bien de la religion, l'influence la plus grande, la plus légitime et la moins contestée.

L'opinion publique ne sépara jamais son nom de celui des prêtres les plus éminents du diocèse : ni M. Gourdon, curé de la cathédrale, ni M. Bernier, vicaire-général, plus élevés en dignité, pour ne parler que des morts, n'obtinrent une plus grande estime. Si honorable que fût sa situation, on le jugeait supérieur à elle ; et ce n'était que justice, car il a montré, croyons-nous, des qualités de caractère et d'esprit, faites pour atteindre et pour suffire à une destinée plus grande pour lui-même et plus utile pour l'Eglise.

Je n'ai point la prétention d'écrire la vie de M. Baranger; elle n'est point contenue tout entière dans les faits que je viens d'esquisser. L'histoire véritable d'un prêtre se confond avec l'histoire intime des âmes qu'il a éclairées par sa parole, soutenues par ses conseils et sanctifiées par les sacrements. Nous ne voyons ici-bas que l'aspect extérieur des choses et des hommes ; la meilleure biographie de M. Baranger est déjà faite : Dieu l'a écrite lui-même, mais nous ne la lirons qu'au ciel.

Aux différents synodes tenus par Mgr Angebault, M. Baranger occupa un rang distingué. A l'ouverture de celui de 1859, il lut un remarquable discours où il traita de l'influence des évêques sur la société civile. Son style ferme, nourri par la pensée, était plein d'images, alerte et vivant. Il a laissé un trop petit nombre d'écrits, mais ils suffisent pour donner une haute idée de son talent littéraire. Au synode de 1863, où il remplit les fonctions de promoteur, il fut l'interprète ému de la gratitude et du dévouement du clergé pour son digne chef ; mais dans un sujet où il n'avait qu'à écouter son cœur et le sentiment universel, personne ne put songer à le louer d'avoir échappé à la vulgarité et atteint l'éloquence.

A la fin d'un de ses discours imprimés, et qu'il avait prononcé en 1862 à la bénédiction de la première pierre du tribunal de Baugé, il émettait le vœu de voir s'élever pour sa paroisse une église nouvelle ; c'était depuis quinze ans l'un de ses plus ardents désirs, l'ancienne ne suffisant plus aux besoins du culte ni à l'importance de la cité. Les circonstances semblaient favorables, les autorités civiles appuyaient ses désirs, la population appelait l'œuvre nouvelle, lui-même semblait encore dans la vigueur de l'âge et il était dans la maturité du talent. Hélas ! Dieu s'est contenté de ses vœux, et il est mort sans les avoir réalisés.

Il revenait d'Angers, où il était allé célébrer le cinquantième anniversaire de prêtrise de son vénérable évêque, lorsqu'il ressentit les premières atteintes du mal qui devait l'emporter vingt mois plus tard. Il remplit cependant son ministère jusqu'au dimanche de la Quasimodo 1866, où un coup de foudre de la paralysie parut enlever tout espoir de guérison. La mort ne vint pas cependant, et il retrouva assez de force pour célébrer de temps à autre le saint sacrifice de la messe. Il languit quinze mois, avec des oscillations de rechute et de santé relative. Son intelligence resta lucide, et sa volonté ferme jusqu'à la fin ; mais la décadence physique était visible, elle s'accentua tous les jours davantage. L'expression ne venait pas sur ses lèvres, et sa langue cherchait vainement le mot qui rendît sa pensée. Sa volonté seule soutint son corps défaillant, et la nature qui s'affaissait ne fut plus défendue bientôt contre la mort que par l'énergie de son âme. A partir de Pâques, il ne parut plus vivre que des jours qu'il dérobait à la mort. Il assista, calme et résigné, à la lente décomposition de sa vie, et dans les méditations solitaires de son âme, calculant chaque semaine et chaque jour les pas qu'il faisait sur la pente de sa tombe, il offrit son sacrifice à Dieu, qui seul a pu en mesurer l'étendue et la douleur.

Son cercueil a été populaire : rien de ce qui pouvait l'honorer et consoler les survivants n'a manqué à ses funérailles ; ni les prières, ni l'empressement religieux des autorités, ni le concours d'un clergé nombreux, ni les flots d'une assistance émue, ni les regrets, ni les larmes. Ses paroissiens lui ont prodigué les hommages qu'on rend aux morts chéris ; ils l'ont honoré et béni, comme s'il eût été là pour respirer le doux encens de leur piété filiale. Il a été enseveli au pied de la croix du cimetière ; et là, il mêlera sa cendre à celle de ses paroissiens, qu'il a aimés, consolés et sanctifiés. Quand le cercueil est descendu tristement dans la fosse, plus d'un cœur s'est senti brisé ; mais nos âmes se sont raffermies à la pensée que les intérêts religieux n'avaient pas dépéri à Baugé entre les mains de M. Baranger, et que l'Eglise pouvait déposer une palme sur la tombe de ce vaillant athlète de Jésus-Christ.

Comme un pasteur endormi au milieu de son troupeau, reposez en paix, Monsieur Baranger, jusqu'à l'heure de la résurrection, purifié, s'il le faut encore, par nos prières, et sous la garde de nos longs souvenirs !

Juillet 1867.

Angers. — imp. E. Barassé.